Denn du berührst mich, Gott

Schutzmantelmadonna
im Hohen Dom zu Fulda

Die Schutzmantelmadonna, eine spätgotische Holzplastik, im Jahre 1489 von einem unbekannten Künstler geschaffen, wurde gestiftet von der Liebfrauenbruderschaft, die sich im 16. Jahrhundert in St. Annenbruderschaft umbenannte.

Maria ist in ein faltenreiches Gewand gekleidet, hält das Jesus-Kind auf den Händen und steht auf einer Mondsichel. (Der Mond ist das Symbol der Nacht, des Dunklen, Dämonischen, das Maria durch die Geburt des Erlösers überwunden hat.) Zwei Engel breiten den Mantel der Madonna aus, unter dem alle Menschen Schutz finden.

Den Auftraggebern wie dem Künstler war es offensichtlich

Denn du berührst mich, Gott

Benedikta Hintersberger/Aurelia Spendel

Denn du berührst mich, Gott

Frauen beten

Schwabenverlag

www.schwabenverlag.de

Gestaltung: Finken & Bumiller, Stuttgart
Umschlagmotiv: Francesco Clemente, LXVI
Herstellung: Bercker Graphischer Betrieb GmbH & Co. KG, Kevelaer
Printed in Germany

ISBN 3-7966-1195-8

Inhalt

Einführung

Beten in schwierigen Zeiten

Beten ohne Geländer – das ist eine Kunst. Manchmal zieht das, was geschieht, einem oder einer den Boden unter den Füßen weg. Schicksalsschläge, Leid, Krankheit, auch der banale Alltag verformen »freihändiges« Gehen im Gebet zu unbeholfenem Gestolpere, das eine/n mutlos werden oder resignieren lässt.

Wenn ein ungeschriener Schrei des Schmerzes den Mund verschließt, wenn einem vor Entsetzen kein Laut über die Lippen kommt, ist Beten ohne Wort-Schatz schwierig. Worte, Gedanken, Gefühle können nicht hochsteigen aus der Tiefe der Seele, stoßen nicht mehr durch die Mauer des Schreckens durch. Um keinen Preis der Welt wollen sie sich zu einem sinnvollen Satz fügen.

Beten kann mühsam sein, wenn niemand und nichts mehr davon erzählt, dass am Ende alles gut werden wird. Wenn man/frau keine Bilder mehr in der eigenen Seele anschauen kann, die das Leben in leuchtenden Farben malen; wenn der Blick auf die eigene Wahrheit einen erschaudern lässt, fällt Beten schwer, ist vielleicht sogar unheimlich.

In diesem Buch wird für das Beten ein Gebetsgeländer vorgeschlagen, ein Wortschatz, ein erzählender Bilderbogen: Die Novene. Sie nimmt die Betenden an die Hand und bietet eine Struktur, die verlässlich durch die Zeit des konzentrierten

Betens leitet. Eine Novene lässt diskret in fremden Worten die eigenen zu Wort kommen, ohne dass sie gesagt werden müssen. Sie zeigt hilfreiche Bilder auf, wenn nichts mehr klar und eindeutig ist, wenn ein ungewisser Ausgang das Leben ausweglos oder grau in grau oder nur noch schwarz-weiß erscheinen lässt. Eine Novene gliedert sich in neun Teile. Neun – das sind drei mal drei Gelegenheiten, einen Sprung zu wagen. Drei mal drei Angebote, in kleinen Schritten zu gehen, ohne das Ganze aus den Augen zu verlieren. Drei mal drei Strophen, jede für sich überschaubar und doch wie ein ganzes Lied.

Begegnungen im Gebet

Unsere Novene entfaltet sich anhand der Begegnungen Jesu mit Frauen, die als Begegnungstexte neun Gebets- und Meditationseinheiten gliedern. Diese Frauen haben in ihrem Leben Leid und Krankheit erfahren, Ausgrenzung und Verzweiflung. Sie sind Bekannte und Unbekannte, eine Frau, die einen großen Namen trägt, und namenlose Frauen: die Frau am Jakobsbrunnen, die Schwiegermutter des Petrus, eine heidnische Frau, die Mutter eines jungen Mannes aus Naïn, eine Ehebrecherin, eine Kranke, Maria von Magdala, eine prophetisch begabte Frau. Sie sind Weggefährtinnen Jesu, die ihr Leben mit ihm neu sehen und neu annehmen lernten, heilsam verarbeiteten und deshalb neu leben konnten. Es sind Frauen, die die Menschenfreundlichkeit Jesu am eigenen Leib erlebt und in ihren Beziehungen zu sich selbst, zu anderen und zu Gott entfaltet haben.

Aber auch das Umgekehrte gilt: Jesus hat von diesen Frauen gelernt. Als sie sich ihm anvertrauten, hat er sich auf sie eingelassen. So wie sie ihm Weggefährtinnen geworden sind, können sie auch für Sie im Laufe der Novene zu Weggefährtinnen werden. In Ihren persönlichen Entscheidungssituationen und Beziehungskrisen, in Ihren Enttäuschungen und Ängsten, in Ihren Nöten und Sorgen, in Krankheiten und bei der Suche nach dem richtigen Weg sind diese Frauen für Sie da. Wir haben sie ausgesucht, auch die je spezielle Stelle in den Evangelien, weil wir selber in Kontakt mit diesen Frauen gekommen sind durch Bibellektüre, durch Meditation und Gebet.

Wie Perlen auf einer Schnur

Für eine Novene gilt, dass sie offen ist für das, was um uns herum geschieht. Sie klärt und stärkt Herz und Verstand. Eine Novene schließt nicht ab und schließt nicht ein. Deshalb wird sie gebetet in eigenen Anliegen und in Anliegen von Menschen, die Ihnen nahe stehen. In dieser Novene ist Platz, um Ihr Anliegen zu nennen. Nutzen Sie ihn, sprechen Sie aus, was Sie bedrückt, belastet, irritiert, was Sie Gott bitten lässt. Wenn Sie es können, tun Sie es laut. So hören Sie Ihre eigene Stimme, werden auch auf diese sinnlich erfahrbare Weise vertraut mit sich selbst und mit Ihrem Anliegen, dem Sie in dieser Novene vor Gott Gehör verschaffen, das Sie vor ihm zu Wort kommen lassen wollen.
Beten Sie diese Novene vor wichtigen Entscheidungen, vor einer Operation, wenn Sie vor einer schlimmen Diagnose Angst haben. Beten Sie sie vor einer Prüfung. Beten Sie, wenn

Sie Erleuchtung brauchen, um den richtigen Weg zu finden, um den nächsten Schritt in die richtige Richtung zu tun. Beten Sie, wenn Sie vor der Aufgabe stehen, die Geister zu unterscheiden. Beten Sie, wenn Sie sich an einen Menschen binden möchten, an eine Aufgabe, an eine neue Lebensform. Beten Sie sie als Exerzitien im Alltag.

Beten Sie sie aber auch »absichtslos«, in der Zeit vor dem Pfingstfest zu Beispiel, wenn Sie vermuten, dass es Ihnen und den Menschen in Ihrer Umgebung, Ihren Aufgaben, Pflichten und Begabungen gut tun könnte, dem Heiligen Geist mehr Raum zu geben. Beten Sie sie vor dem Weihnachtsfest, wenn Sie dem Ereignis der Menschwerdung, Ihrer eigenen und der Gottes in dieser Welt nachspüren wollen. Beten Sie sie vor Ostern, um mit dem Geheimnis der Auferstehung (wieder) in Kontakt zu kommen.

Wichtig ist es, dass Sie Ihren eigenen Gebetsrhythmus finden. Eine Novene kann an neun aufeinander folgenden Tagen gebetet werden. Sie kann sich durchaus auch über neun Wochen oder sogar neun Monate erstrecken. Gerade der letzte Zeitraum bietet sich an, wenn Sie ein längerfristiges Anliegen haben und keinen aktuellen, akuten Anlass. Neun Monate sind die Zeit, in der menschliches Leben gezeugt wird, wächst und das Licht der Welt erblickt. Gerade für Frauen kann diese Zeitspanne sehr aussagekräftig sein.

Geben Sie Ihrer Zeit einen sichtbaren Ausdruck: Sammeln Sie Steine und legen Sie sie bei jeder Gebetsetappe an einen Ort, der Ihnen wichtig ist. Oder fädeln Sie neun Perlen auf eine Schnur auf, die Sie bei sich tragen oder an einem für Sie guten

Ort verwahren. Pflanzen Sie neun Ableger ein und derselben Pflanze ein. Oder schreiben Sie an neun Tagen, Wochen oder Monaten auf, was Ihnen beim Meditieren, Beten, Nachsinnen zur Novene durch den Kopf geht. Schreiben Sie neun Kapitel Ihrer persönlichen Novenenbiographie. Oder kochen Sie neun mal eine Speise, einen Tee, die/der Ihnen wieder auf die Füße hilft.

Frauennovene

Die Sprache der Novene ist auf Frauen ausgerichtet. Wenn Frauen beten, fließt ihr ganzes Leben als Frauen in ihr Beten ein. Sie tragen ihre privaten wie politischen und öffentlichen Anliegen, die eigenen wie die von anderen, von Frauen, Männern, Kindern und Jugendlichen, vor Gott. In dieser Novene ist ihre Sprache, ihre sprachliche Formung der Welt, als »Leitsprache« gewählt. Diese »Frauensprache« ist selbstredend offen für eine sehr bewusste Wahrnehmung der Not, der schwierigen Entscheidungssituationen und der Fragen männlicher Menschen. Eine sprachliche Ausnahme bietet die Gottesnennung. Gott hat kein Geschlecht, er/sie ist nicht Mann und nicht Frau, aber auch keine Sache. Deshalb finden Sie bei seiner/ihrer Nennung immer beide Geschlechter. Wählen Sie grundsätzlich die Sprachform, die Ihnen gut tut; experimentieren Sie jedoch auch einmal mit der je anderen.

Gott berührt – Gott berühren

»Gott ist keine Kuh, die man/frau melken kann.« Dieser Satz des christlichen Theologen, Philosophen und Mystikers

Meister Eckhart ist wahr. Eine Novene, ein Bittgebet, eine Fürbitte funktioniert nicht mechanisch, geht nicht automatisch in Erfüllung, ist keine Magie. Eine Novene ist ein Herzensgebet, bei dem der betende Mensch davon ausgehen kann, dass Gott – so Dietrich Bonhoeffer – nicht alle unsere Wünsche, aber alle seine/ihre Verheißungen erfüllt. Freuden und Leiden, himmelhoch jauchzend, zu Tode betrübt, alles ist Gott wertvoll. Alles will er/sie mit seinem/ihrem Leben erfüllen.

BENEDIKTA HINTERSBERGER OP
AURELIA SPENDEL OP

Am Tag der heiligen Luzia, der Lichtträgerin
Augsburg, 13. Dezember 2004

Alles beginnt mit der Sehnsucht

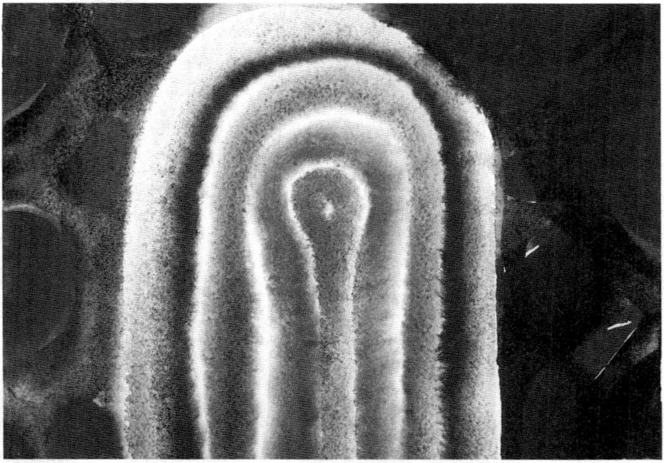

Gespräch am Jakobsbrunnen

Jesus kam zu einem Ort in Samarien. Dort befand sich der Jakobsbrunnen. Er war müde von der Reise und setzte sich an den Brunnen. Da kam eine Frau, um Wasser zu schöpfen. Jesus sagte zu ihr: »Gib mir zu trinken!« Seine Jünger waren nämlich in den Ort gegangen, um etwas zum Essen zu kaufen. Die Frau sagte zu ihm: »Wie kannst du als Jude mich, eine Samariterin, um Wasser bitten? Die Juden verkehren nicht mit den Samaritern.« Jesus antwortete: »Wenn du wüsstest, worin die Gabe Gottes besteht und wer es ist, der zu dir sagt: ›Gib mir zu trinken!‹, dann hättest du ihn gebeten, und er hätte dir lebendiges Wasser gegeben.« Sie sagte zu ihm: »Herr, du hast kein Schöpfgefäß, und der Brunnen ist tief; woher hast du also das lebendige Wasser?« Jesus antwortete ihr: »Wer von diesem Wasser hier trinkt, wird wieder Durst bekommen. Wer aber von dem Wasser trinkt, das ich geben werde, wird niemals mehr Durst haben; vielmehr wird das Wasser, das ich gebe, zur sprudelnden Quelle werden, deren Wasser ewiges Leben schenkt.« Da sagte die Frau zu ihm: »Herr, gib mir dieses Wasser, damit ich keinen Durst mehr habe und nicht mehr hierher kommen muss, um Wasser zu schöpfen.«

Joh 4,1–15

Bibelmeditation

Am Jakobsbrunnen zu sein ist eine Wohltat. Geschafft! Endlich Wasser. Endlich in Sicherheit. Der Weg durch das offene Land ist gefahrvoll, die Hitze setzt Mensch und Tier zu. Kein Wunder, dass Jesus müde ist. Und die Frau: Sie geht durch die Mittagshitze – ausgerechnet durch die Mittagshitze – zu diesem Brunnen. Sie wird ihre Gründe haben. Sollen sie die anderen nicht sehen? Warum nicht? Ist sie eine Außenseiterin? Hat sie sich selbst aus der Gemeinschaft des Dorfes ausgeschlossen? Will sie vielleicht nur ihre Ruhe haben? Oder hat sie es am Morgen einfach nicht geschafft, Wasser zu holen, als die Kühle den Weg zum Brunnen noch nicht so beschwerlich machte? Egal – jetzt ist sie da. Jetzt ist Jesus da. Jetzt trifft sie ihn. Und er trifft sie – ins Herz.

Was schert ihn der alte Streit zwischen den Juden und den Samaritern? Hier haben zwei Menschen Durst, Durst nach Wasser, Durst nach Leben, Durst nacheinander. Nur sie können einander jetzt und hier das Wasser geben, nach dem sie mit allen Fasern des Leibes und der Seele verlangen. Ihr Leben hängt mit diesem Wasser zusammen. Gibt sie ihm nicht, wird er den Durst seines Leibes nicht los. Gibt er ihr nicht, wird sie sterben an ihrem Seelendurst. Sie bitten einander mit und ohne Worte.

Die Rollen vertauschen sich. Das Wassergefäß wandelt sich vom tönernen Krug zum heilenden Wort. Die Wahrheit kommt ans Licht. Verstecken geht nicht und braucht auch nicht mehr zu sein. Beide lassen ihre Schutzlosigkeit zu, sind in Freiheit einander ausgeliefert, stehen sich gegenüber, schauen einander an. Sie spiegeln sich in den Augen des und der anderen. Im Schauen und Glauben geschieht Erkennen. Diese Wahrheit tut gut wie Wasser trockenem Land. Alles beginnt mit der Sehnsucht.

Meditation

Gott, ich beginne zu beten durch neun Tage (Wochen, Monate) hindurch. Mich treibt der Durst nach Leben um. Mich quält eine Sorge, eine Bitte, eine Not, so wie der Durst deinen Sohn quälte.
Ich rede mit dir. Ich hoffe, dass du mich hörst. Ich versuche, dir mit ganzer Kraft zu vertrauen.
Ich habe Sehnsucht nach Leben. Du weißt es. Meine Ängste und Fragen kennst du. Geh meinen Weg mit mir. Warte auf mich am Brunnen.

Wasser – wann und wie ist Ihnen heute Wasser begegnet? Beim Aufstehen, im Badezimmer, in der Küche, in der Natur? Regen, Tau, Kaffeewasser, Duschwasser?
Wie fühlte sich dieses Wasser an – auf Ihrer Haut, im Gesicht, im Mund, in der Hand?
Wann hatten Sie schmerzlichen Durst – nach einer Operation, auf einer Wanderung, beim Sport, an einem heißen Tag?

Wenn Sie möchten, gehen Sie zu einer Wasserquelle im weitesten Sinn – eine Mineralwasserflasche, ein Wasserhahn ...
Spüren Sie Wasser auf der Haut, im Mund, in Ihrem Leib.

Gott, ich komme zu dir. Du bist bei mir. Du hörst mir zu.
Du gibst mir Wasser für meinen Leib und für meine Seele.

Sprechen Sie mit Gott, wie mit einer/einem, die/der Ihnen Wasser reichen möchte, wenn Sie durstig sind.

Gebet

Gott,
du bist das Wasser des Lebens. Du sitzt an der Quelle. Du bist die Quelle. Du bist meine Quelle. In dir schaue ich mein Spiegelbild. Bei dir spüre ich, wie groß meine Sehnsucht nach Leben ist. Du nimmst meine Sehnsucht und gibst mir zu trinken.

Gebet für den Tag und für die Nacht

Gott,
gib mir (N. N.) Wasser des Lebens, damit ich (N. N.) leben und das Richtige tun kann.

Trinken Sie ein Glas Wasser und denken Sie an Ihr Anliegen.

Berührung wagen

Die Schwiegermutter des Petrus

Jesus und seine Jünger verließen die Synagoge und gingen zusammen mit Jakobus und Johannes in das Haus des Simon und Andreas. Die Schwiegermutter des Simon lag mit Fieber im Bett. Sie sprachen mit Jesus über sie und er ging zu ihr, fasste sie an der Hand und richtete sie auf. Da wich das Fieber von ihr und sie sorgte für sie.

Mk 1,29–31

Wie peinlich! Da lag ich im Bett und dieser Jesus kam in unser Haus. Petrus hätte vorher Bescheid geben sollen, dass er Gäste mitbringen würde. Aber er war schon immer so spontan, schnell Feuer und Flamme.

Ich konnte überhaupt nichts für Jesus und seine Begleitung tun. Ich fühlte mich so elend, so schlecht! Ich sah die Welt wie durch eine Nebelwand, konnte mich kaum rühren.

Jesus war ein seltsamer Mensch. Petrus hatte ihn erst kurz vorher kennen gelernt und war von ihm – natürlich – hellauf begeistert. Er wäre ihm bis an das Ende der Welt gefolgt, ohne auch nur eine Sekunde nachzudenken. Dieser fremde Mann hatte keine Scheu, an mein Bett zu kommen und mich anzuschauen, mich – eine fremde, kranke Frau!

Auch mich hat Jesus in seinen Bann geschlagen, das muss ich zugeben. Diese grenzenlose Vertrautheit kenne ich sonst nicht. Ich bin Fremden gegenüber sonst mehr als zurückhaltend.

Dieser Jesus! Er sagte, Petrus hätte ihm erzählt, dass es mir schlecht ginge. Er habe die Synagoge verlassen, um zu mir zu kommen. Es klang so, als würde hinter diesen Worten mehr stecken, als es beim ersten Hören den Anschein hat. Die Synagoge verlassen, er, ein Mann, ein Jude? Um mir zu helfen, einer Frau?

Es hat mir gut getan, dass er da war. Es hat mich befreit. Wovon, das kann ich nicht genau sagen. Auf jeden Fall war das Fieber wie weggeblasen. Ich sah wieder klar und hatte keine Schmerzen mehr. Es ging mir auf einen Schlag wieder besser.

Ich konnte aufstehen, mich auf die eigenen Füße stellen, mich auf den Beinen halten und die Leute bedienen.
Ich habe ihn bedient, ja, ihm gedient aus ganzem Herzen.
Und er: Er hat mir auch gedient. Wir haben einander Gutes getan. Ich bin ihm dafür sehr dankbar.

Meditation

Gott, ich bete zu dir. Meine Schwachheit lähmt mich. Meine Sorgen, meine Fragen treiben mich um. Mir geht es nicht gut; N. N. geht es nicht gut. Ich bitte dich für N. N., wie ich für mich bitte.

Stellen Sie sich konzentriert das Gesicht des Menschen vor, für den Sie bitten. Schauen Sie N. N. in Gedanken in die Augen.

Was sehen Sie? Tränen, Verzweiflung, Trauer, Ratlosigkeit? Hass? Ein Lächeln, Freude, Lust, Liebe, Vertrauen?

Gott gibt Kraft. Gott hält an der Hand. Gott richtet auf.

Sprechen Sie mit Gott wie mit einem/einer, der/die Ihnen helfen kann; Sie gesund werden lässt; bei Ihnen ist, wenn es Ihnen schlecht geht.

Gebet

Gott, du bist Leben. Du bist Rückhalt für alles, was lebt. Du bist mein Rückhalt, mein Rücken-Halt. Halte mich. Bei dir darf ich meine Schwäche spüren. Bei dir bin ich geborgen. (Bei dir ist auch N. N. geborgen.) Halte N. N. Halte mich.

Gebet für den Tag und die Nacht

Gott, nimm mich (N. N.) an die Hand, damit ich (N. N.) leben und das Richtige tun kann.

Stellen Sie sich entspannt auf die Füße. Spüren Sie die Kraft, die Sie von den Füßen über die Wirbelsäule bis zum Scheitel hinauf aufrecht stehen lässt. Atmen Sie ruhig. Schauen Sie geradeaus und denken Sie an Ihr Anliegen.

Sich ein Herz fassen

Jesus und die heidnische Frau

Jesus brach auf und zog in das Gebiet von Tyrus. Er ging in ein Haus, wollte aber, dass niemand davon erfuhr; doch es konnte nicht verborgen bleiben. Eine Frau, deren Tochter von einem unreinen Geist besessen war, hörte von ihm; sie kam sogleich herbei und fiel ihm zu Füßen. Die Frau, von Geburt Syrophönizierin, war eine Heidin. Sie bat ihn, aus ihrer Tochter den Dämon auszutreiben. Da sagte er zu ihr: »Lasst zuerst die Kinder satt werden; denn es ist nicht recht, das Brot den Kindern wegzunehmen und den Hunden vorzuwerfen.« Sie erwiderte ihm: »Ja, du hast Recht, Herr! Aber auch für die Hunde unter dem Tisch fällt etwas von dem Brot ab, das die Kinder essen.« Er antwortete ihr: »Weil du das gesagt hast, sage ich dir: Geh nach Hause, der Dämon hat deine Tochter verlassen.« Und als sie nach Hause kam, fand sie das Kind auf dem Bett liegen und sah, dass der Dämon es verlassen hatte.

Mk 7,24–30

Bibelmeditation

Was tut die Frau?
hören
kommen
zu Füßen fallen
sein
bitten
erwidern
nach Hause kommen
finden
sehen
In der Mitte steht BITTEN.

Was ist mit der Tochter?
besessen sein
ausgetrieben bekommen
frei werden
auf dem Bett liegen
verlassen sein
In der Mitte steht FREI WERDEN.

Was tut Jesus?
aufbrechen
(weiter-)ziehen
in ein Haus gehen
wollen
(zu-)sagen

das Alte hinter sich lassen
antworten
In der Mitte steht: HEIL FÜR ALLE

Wie ich den Text auch drehe und wende: Das alte Gesetz der Feindschaft hat keinen Platz mehr. Der Dämon hat seine Macht eingebüßt. Was auch immer dieser Dämon, diese lebensfeindliche Macht, war: Die Heidin – die, die eigentlich nicht dazu gehörte – hat sich ein Herz gefasst und den Konflikt gewagt. Sie hat eine Grenze überschritten. Sie führt Jesus ohne Rücksicht auf Konventionen das Leid ihrer Tochter vor Augen.
»Das tut man nicht. Das gehört sich nicht. Das darf nicht sein. Sie ist keine von uns«, sagen die, die nichts von Liebe verstehen. Die, die Angst haben, dass sie aus der Rolle fallen könnten, und die nicht merken: Das ist der einzige Weg, um wieder auf die Füße zu kommen!
Was schert die Frau das Geraune der Ängstlichen, der Frommen, der Bigotten? Hierin ist sie Jesus ähnlich. Auch ihn scheren menschengemachte Gebote und Verbote nicht. Auch er zerbricht Tabus. Auch er überschreitet Grenzen – um der Liebe willen.
Die Fremde ist für Jesus Geburtshelferin seiner Menschlichkeit. Die Tochter, die gesund wird, ist seine Schwester, Tochter einer Frau, die dem Leben, auch seinem Leben, zur Fülle verhilft.

Meditation

Jesus ist da, wenn Menschen leiden.

Was tue ich, wenn Menschen leiden? Wenn ich leide? Wenn andere leiden? Wenn die Fernen aus dem Fernsehen und die Nahen in der Nähe leiden? Was würde ich ohne sie tun?

Für Jesus sind Gesetze, Tabus, Regeln und höfliche Floskeln nicht wichtiger als ein Mensch.

Wie wichtig sind Gesetze, Tabus, Regeln und höfliche Floskeln für mich? Welche? Warum? Was würde ich ohne Gesetze und Regeln tun?

Jesus tut, was ihm sein Herz sagt.

Tue ich, was mir mein Herz sagt? Unter welchen Umständen? Warum? Warum nicht? Was würde ich ohne mein Herz tun?

Jesus ging einen Weg mit dieser Frau, auf dem er lernte, ein Mensch für alle zu sein.

Lerne ich das auch, ein Mensch für alle zu sein? Oder doch lieber nicht? Ernähren mich Vorurteile oder kann ich aus ganzem Herzen da sein, bitten für andere, für mich selbst? Was täte ich ohne dieses Lernen?

Sprechen Sie mit Gott wie mit einer/einem, der/die zu Ihnen aufbricht, der/die mit Ihnen spricht und Ihnen sagt, wie es beim Evangelisten Matthäus steht: »Frau, dein Glaube ist groß. Was du willst, soll geschehen.«

Gebet

Jesus, du bist für alle Menschen da. Du hast das Da-Sein durch die Begegnung mit der heidnischen Frau gelernt. Du bist ihrer Hartnäckigkeit nicht ausgewichen. Weiche auch mir nicht aus. Ihr Glaube war groß. Lass auch meinen Glauben groß sein. Ihre Bitte hast du gehört. Höre auch meine Bitte, wenn ich zu dir rufe.

Gebet für den Tag und für die Nacht

Gott, hilf mir (N. N.), damit das Gute geschieht und das Böse flieht, damit ich (N. N.) leben und das Richtige tun kann.

Wenn Sie es können, rufen Sie Ihre Bitte laut in den Raum.

Alles auf eine Karte setzen

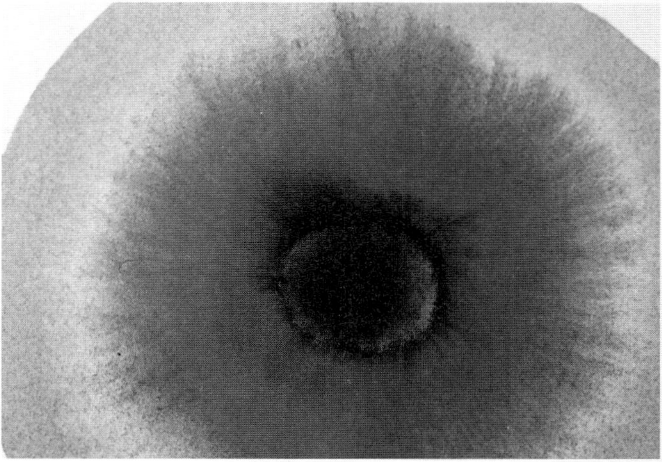

Begegnung mit der Sünderin

Jesus ging in das Haus eines Pharisäers, der ihn zum Essen eingeladen hatte, und legte sich zu Tisch. Als eine Sünderin, die in der Stadt lebte, erfuhr, dass er im Haus des Pharisäers bei Tisch war, kam sie mit einem Alabastergefäß voll wohlriechendem Öl und trat von hinten an ihn heran. Dabei weinte sie und ihre Tränen fielen auf seine Füße. Sie trocknete seine Füße mit ihrem Haar, küsste sie und salbte sie mit dem Öl. Als der Pharisäer, der ihn eingeladen hatte, das sah, dachte er: »Wenn er wirklich ein Prophet wäre, müsste er wissen, was das für eine Frau ist, von der er sich berühren lässt; er wüsste, dass sie eine Sünderin ist.« Da wandte sich Jesus an ihn und sagte: »Simon, ich möchte dir etwas sagen.« Er erwiderte: »Sprich, Meister!« Jesus sagte: »Ein Geldverleiher hatte zwei Schuldner; der eine war ihm fünfhundert Denare schuldig, der andere fünfzig. Als sie ihre Schulden nicht bezahlen konnten, erließ er sie beiden. Wer von ihnen wird ihn nun mehr lieben?« Simon antwortete: »Ich nehme an, der, dem er mehr erlassen hat.« Jesus sagte zu ihm: »Du hast Recht.« Dann wandte er sich der Frau zu und sagte zu Simon: »Siehst du diese Frau? Als ich in dein Haus kam, hast du mir kein Wasser zum Waschen der Füße gegeben; sie aber hat ihre Tränen über meinen Füßen vergossen und sie mit ihrem Haar abgetrocknet. Du hast mir keinen Kuss gegeben zur Begrüßung; sie aber hat mir, seit ich hier bin, unaufhörlich die Füße geküsst. Du hast mir nicht das Haar mit Öl gesalbt; sie aber hat mir mit ihrem wohlriechenden Öl die Füße gesalbt. Deshalb sage ich dir: Ihr sind ihre vielen Sünden vergeben, weil sie so viel Liebe gezeigt hat. Wem aber nur wenig vergeben wird, der zeigt auch nur wenig Liebe.« Dann sagte er zu ihr: »Deine Sünden sind dir vergeben.« Da dachten die anderen Gäste: »Wer ist das, dass er sogar Sünden vergibt?« Er aber sagte zu der Frau: »Dein Glaube hat dir geholfen. Geh in Frieden!«

Lk 7,36–50

Bibelmeditation

Welch eine Szene! Welch eine Geste: jemandem die Füße mit Tränen zu waschen, zu küssen, zu liebkosen, mit den Haaren einzuhüllen. Wenn ich mir diese Haare vorstelle: gepflegt, glänzend, herrlich wie Seide. Und dieser Duft! Ein solches Alabastergefäß hat frau nicht einfach auf dem Nachttisch stehen. So etwas hat nur eine Frau mit Geld und Beziehungen. Und nur, um ein Paar Füße zu salben? Purer Luxus! Pure Liebe!

Was tut diese Frau eigentlich? Was will sie von Jesus? Was bewirkt sie in ihm? Er ist doch auch »nur« ein Mann. Das Bild eines bleichen, weltfremden Jünglings, der ausgezehrt durch die Lande zieht, haben schon die Feinde Jesu zu seiner Zeit korrigiert. Jesus ist ein Genießer, der gerne isst und trinkt. Er lässt sich einladen und ist mit Freude Gastgeber.

Der tiefste Grund von Jesu Freude am Essen und Trinken und an der Mahlgemeinschaft mit Menschen ist nicht das Genießen um des Genießens willen. Ein Mahl ist für Jesus Symbol der Gegenwart Gottes. Alles spricht bei diesem Mahl von seiner Liebe, von den schönen Seiten seiner Lebensfülle.

Jesus kannte die schönen Seiten des Lebens und er liebte sie. Und beeindruckende Frauen kannte und liebte er wohl auch: Maria aus Magdala, Martha und Maria aus Bethanien, seine eigene Mutter nicht zu vergessen. Die Gemeinschaft mit ihnen ist frei von Konventionen, von Vorurteilen, von Vorschriften und gesellschaftlichen Normen, die dem Leben widersprechen. Zärtlichkeit und Nähe – geschenkt und erwidert, Aufmerksamkeit und Angesehenwerden – gewährt und beantwortet: Das ist gut.

Meditation

Die salbende Frau setzt alles auf eine Karte. Sie hat nichts zu verlieren. Sie traut sich, was bis dahin kein Mann unternommen hat: Sie zeigt sich Jesus in ihrer Schönheit und in ihrer Erniedrigung. Sie versteckt ihren Reichtum nicht. Sie versteckt ihre Liebeskunst nicht. Sie versteckt ihren sündigen Lebenswandel nicht. Sie ist ganz da, bei sich und bei ihm.
Sie riskiert einen Skandal.
Ich riskiere um Jesu Willen ...

Die Frau ist sich nicht zu schade für diesen hergelaufenen Wanderprediger, trotz der Menschen, auf die sie angewiesen ist. Sie könnten sie schockiert aus dem Haus werfen, auf die Straße, wo sie ihrer Meinung nach hingehört. Sie gehört nicht zu uns!
Ich gehöre zu ...

Das größte Risiko: Jesus könnte sich von ihr abwenden, sie verfluchen, sie buchstäblich mit seinen Füßen verstoßen.
Weg mit dir, rühre mich nicht an! Dann gäbe es keinen Ort, wohin sie flüchten könnte.
Ich ...

Sprechen Sie mit Gott wie mit einem/einer, der/die Ihren Körper sanft und aufmerksam berührt.

Gebet

Jesus, es geht mir gut, wenn ich verwöhnt werde (wenn ich jemanden verwöhnen kann). Ich möchte mich (N. N.) mit meinem Gebet verwöhnen, eine gute, duftende Atmosphäre (für N. N.) schaffen, damit deine Freiheit und deine Zärtlichkeit Raum gewinnen in mir (N. N.).

Gebet für den Tag und für die Nacht

Gott, berühre mich (N.N), damit ich (N. N.) leben und das Richtige tun kann.

Suchen Sie sich eine Frucht, ein Parfüm, eine Seife, eine Bienenwachskerze, ein Öl, einen Gegenstand, der für Sie wohlriechend ist. Nehmen Sie den Duft bewusst wahr. Atmen Sie ihn mit allen Poren Ihres Körpers ein und geben Sie ihn mit allen Poren wieder ab. Salben Sie sich oder einen Menschen, der Ihnen nahe steht. Denken Sie an Ihr Anliegen, an den Menschen, für den Sie beten.

Leben wagen

Die Mutter von Naïn

Jesus ging in eine Stadt namens Naïn, seine Jüngerinnen und Jünger und eine große Menschenmenge folgten ihm. Als er in die Nähe des Stadttors kam, trug man gerade einen Toten heraus. Es war der einzige Sohn seiner Mutter, einer Witwe. Viele Leute aus der Stadt begleiteten sie. Als Jesus die Frau sah, hatte er Mitleid mit ihr und sagte zu ihr: »Weine nicht!« Dann ging er zu der Bahre und fasste sie an. Die Träger blieben stehen. Er sagte: »Ich befehle dir, junger Mann: Steh auf!« Da richtete sich der Tote auf und begann zu sprechen und Jesus gab ihn seiner Mutter zurück. Alle wurden von Furcht ergriffen; sie priesen Gott und sagten: »Ein großer Prophet ist unter uns aufgetreten: Gott hat sich seines Volkes angenommen.«

Lk 7,11–17

Bibelmeditation

Eine Totenbahre – das letzte Mal habe ich eine im Fernsehen gesehen. Sie trugen ein Kind zum Friedhof, wieder einmal ein unschuldiges Opfer aus diesem wahnsinnigen, gotteslästerlichen Terror da unten im Heiligen Land.
Völlig verstörte Gesichter, die Wut der Menge, Heulen und Zähneknirschen. Mutter, Schwestern, Verwandte. Wie kann Gott so etwas zulassen? Wie kann er dulden, dass Kinder massakriert werden von diesen Menschen, die Hass säen und Frieden nicht ertragen können? Sie gehen über Leichen – auch über die Leichen von Kindern.
Dieser Junge wird wohl das Ein und Alles seiner Mutter gewesen sein. Jetzt ist er tot. Auch sie ist so gut wie tot. Ihre Zukunft ist zerstört. Sie hat niemanden mehr – Ernährer, Enkel, Alterssicherung, alles weg. Aus und vorbei, das Leben.
Jesus fasst die Bahre an. Es scheint, als wolle er damit das Unglück aufhalten, dem Elend Einhalt gebieten, sich der Trauer in den Weg stellen, dem Verlust eine Grenze aufzeigen.
Er fasst den Toten nicht an. Ein Jude fasst keinen Toten an, er verunreinigt sich dadurch. Jesu Wort muss genügen: »Ich befehle dir, junger Mann: Steh auf!«
Jesus sieht, dass es keinen jungen Mann mehr gibt. Es gibt nur einen Leichnam, herausgerissen aus der Zeit, herausgerissen aus der Gegenwart, jeder Zukunft beraubt. Nur noch wenige Monate der Verwesung, dann ist auch mit diesem Leichnam Schluss. Der junge Mann ist nicht mehr.
Mich erinnert diese Szene an die Benennung der Wesen im Paradies, die erst dann zu sich kamen, erst dann ganz ins

Leben traten, als sie einen Namen bekamen. Und hier: Der Tote ist nicht namenlos. Jesus spricht ihn an: Junger Mann. Kein Vorname, aber ein Lebensname: Du bist jung; du sollst leben. Du bist ein Mann, der für seine Familie, für die Mutter das Weiter-Leben garantiert. In dir steckt Leben, du sollst Nachkommen zeugen.
Jesus ist auch ein junger Mann. Er soll leben. Er garantiert für die, die ihm folgen, das Leben. Aus seinem Geist wird neues Leben gezeugt werden.
Jesus schaut sich selbst ins Gesicht, wenn er den Toten ansieht. Für ihn selbst werden einmal die Worte gelten, die er hier einem anderen sagt: »Steh auf!«

Meditation

Wer liegt oder lag für mich auf einer Totenbahre?
Was aus meinem Leben, welcher Teil meiner Persönlichkeit liegt oder lag auf einer Totenbahre?
Was aus meinem Glauben liegt oder lag auf einer Totenbahre?

Wer ist für mich auferstanden vom Tod?
Was aus meinem Leben, welcher Teil meiner Persönlichkeit ist auferstanden vom Tod?
Was aus meinem Glauben ist auferstanden vom Tod?

Von welchem Menschen aus meinem Leben hoffe ich, dass er/sie aufersteht aus dem Tod?
Von welchem Ereignis aus meinem Leben hoffe ich, dass es befreit wird aus dem Grab einer Schuld, eines Misstrauens, eines Versagens und aufersteht aus dem Tod?
Von welcher Erfahrung meines Glaubens hoffe ich, dass sie aufersteht aus dem Tod?

Gebet

Gott, du bist ein Freund des Lebens. Du bist eine Freundin meines Lebens. Du hältst alles Leben sorgsam in deiner Hand. Sei bei mir (N. N.) mit deiner Lebenskraft, die unerschöpflich ist, die immer neu einen Anfang wagt. Lass mich (N. N.) leben.

Gebet für den Tag und für die Nacht

Gott, erwecke mir (N. N.) neues Leben aus dem Tod, damit ich (N. N.) leben und das Richtige tun kann.

Schauen Sie Fotos an, die wichtige Stationen, Menschen, Ereignisse Ihres Lebens zeigen. Malen Sie Ihren Lebensweg. Haben Sie ein Lebensmotto? Menschen, die Sie im Leben begleiten und stützen können? Beten Sie für sie, wenn es Ihnen und ihnen gut tut.

Neu anfangen

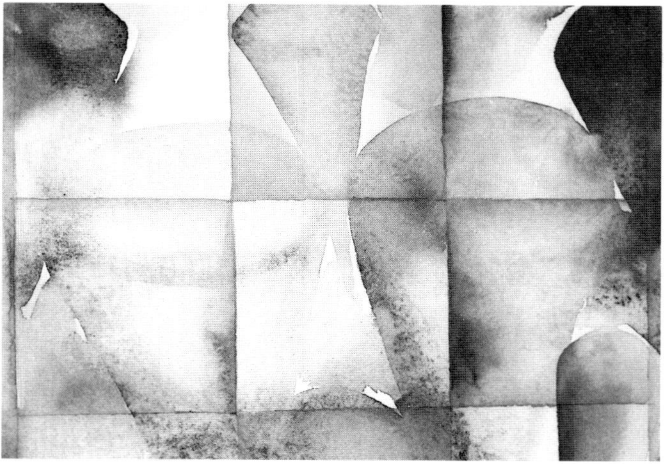

Jesus und die Ehebrecherin

Jesus ging in den Tempel. Da brachten die Schriftgelehrten und Pharisäer eine Frau, die beim Ehebruch ertappt worden war. Sie stellten sie in die Mitte und sagten zu ihm: »Meister, diese Frau wurde beim Ehebruch auf frischer Tat ertappt. Mose hat uns im Gesetz vorgeschrieben, solche Frauen zu steinigen. Nun, was sagst du?« Mit dieser Frage wollten sie ihn auf die Probe stellen, um einen Grund zu haben, ihn zu verklagen. Jesus aber bückte sich und schrieb mit dem Finger auf die Erde. Als sie hartnäckig weiterfragten, richtete er sich auf und sagte zu ihnen: »Wer von euch ohne Sünde ist, werfe als erster einen Stein auf sie.« Und er bückte sich wieder und schrieb auf die Erde. Als sie seine Antwort gehört hatten, ging einer nach dem anderen fort, zuerst die Ältesten. Jesus blieb allein zurück mit der Frau, die noch in der Mitte stand. Er richtete sich auf und sagte zu ihr: »Frau, wo sind sie geblieben? Hat dich keiner verurteilt?« Sie antwortete: »Keiner, Herr.« Da sagte Jesus zu ihr: »Auch ich verurteile dich nicht. Geh und sündige von jetzt an nicht mehr!«

JOH 7,53–8,11

Bibelmeditation

Was ist aus der Frau geworden?

Was ist aus den Männern geworden? Aus dem betrogenen Ehemann, aus dem erwischten Liebhaber, aus den Steinewerfern?

Was ist aus mir geworden, aus einer, die den Text gelesen hat?

Was aus Jesus wurde, wissen wir: ein Hingerichteter, ein Ausgestoßener, ein Vertriebener. Hier ist er Herr der Situation. Obwohl sie so gefährlich ist, behält er die Ruhe. Im Angesicht seiner Feinde ist er die Ruhe in Person.

Er hat das Gesetz studiert – ebenso wie die Pharisäer und Schriftgelehrten, die alles so buchstabengenau wissen. Aber: Er weiß um den Sinn des Gesetzes. Sie nur um das knochentrockene Gerüst.

Sie haben einen Kardinalfehler gemacht: Sie haben die Frau in die Mitte gestellt. Jesus kennt sich aus mit der Mitte. In der Mitte der Nacht ist er geboren, mitten am Tag weicht er der Frau am Jakobsbrunnen nicht aus, der Heidin, der Verdächtigen. In der Mitte seines Lebens steht der Vater. Er lebt mitten unter den Menschen, einer von uns.

Sie wollten ihn hereinlegen, ihn bei seiner Ehre als Mann packen, bei seiner männlichen Solidarität. Er aber solidarisiert sich, wie und mit wem er will. Er wählt die Frau.

Die Steine des Tempels haben so viel gesehen, so viel gehört. Das Feilschen der Händler, das Gebet der Glaubenden, das Blöken der Schlachttiere. Verzweiflung und Glück, Alltag und Festtag. Mord und Versöhnung.

Jetzt sind sie stumme Zeugen eines neuen Anfangs. »Sündige von jetzt an nicht mehr!« Von jetzt an. Ein neuer Anfang ist gemacht. Jetzt kann es losgehen mit einem Leben, in dem die richtige Liebe ihren Platz und das Sagen hat.

Jesus liebt Anfänge. Den galiläischen Frühling. Das Paschafest. Versöhnung und Herausrufen aus dem Grab. Ein neuer Morgen, wie neu geboren. Ihm zu begegnen heißt, seine Botschaft entziffern lernen, die in den Sand geschrieben wurde.

Meditation

Ich stelle mich in die Mitte.
Ich stehe in der Mitte.
Wer schaut mich an?

Jesus schaut mich nicht an.
Er schaut auf die Erde.
Ich schaue auf die Erde. Was sehe ich?

Mein Blick trifft den seinen nicht.
Noch nicht.
Er hebt den Kopf.

Alle anderen sind weg.
Wir sind allein.
Er schaut mich an.
Ich schaue ihn an.

Gebet

Jesus, du schaust mich an. Du schaust jeden Menschen an. Du schaust N. N. an. Dein Blick schenkt Wahrheit und Leben.

Gebet für den Tag und für die Nacht

Gott, öffne mir (N. N.) die Augen für deinen erlösenden Blick, damit ich (N. N.) leben und das Richtige tun kann.

Schauen Sie mit Ihren inneren Augen den/die Menschen an, für den/die Sie beten oder die von Ihrem Anliegen betroffen sind. Schreiben Sie ihm/ihnen eine Botschaft. Verändern Sie den Text so lange, bis Sie ihn als wohltuend und hilfreich empfinden.

Frei werden

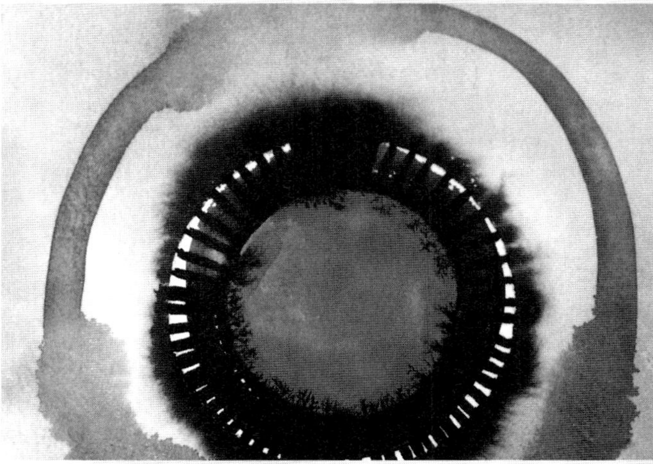

Heilung einer kranken Frau

Es war eine Frau, die schon zwölf Jahre an Blutungen litt. Sie war von vielen Ärzten behandelt worden und hatte dabei sehr zu leiden; ihr ganzes Vermögen hatte sie ausgegeben, aber es hatte ihr nichts genutzt, sondern ihr Zustand war immer schlimmer geworden. Sie hatte von Jesus gehört. Nun drängte sie sich in der Menge von hinten an ihn heran und berührte sein Gewand. Denn sie sagte sich: »Wenn ich auch nur sein Gewand berühre, werde ich geheilt.« Sofort hörte die Blutung auf und sie spürte deutlich, dass sie von ihrem Leiden geheilt war. Im selben Augenblick fühlte Jesus, dass eine Kraft von ihm ausströmte und er wandte sich in dem Gedränge um und fragte: »Wer hat mein Gewand berührt?« Seine Jünger sagten zu ihm: »Du siehst doch, wie die Leute sich drängen, und da fragst du: ›Wer hat mich berührt?‹« Er blickt umher, um zu sehen, wer es getan hatte. Da kam die Frau, zitternd vor Furcht, weil sie wusste, was mit ihr geschehen war; sie fiel vor ihm nieder und sagte ihm die ganze Wahrheit. Er aber sagte zu ihr: »Meine Tochter, dein Glaube hat dir geholfen. Geh in Frieden. Du sollst von deinem Leiden geheilt sein.«

Mk 5,25–34

Die Empörte spricht:
Wie kann Jesus es wagen, die Frau so ungeniert bloßzustellen? Eine solch intime Krankheit will keine Frau in aller Öffentlichkeit ausgebreitet wissen. Muss sie ihm denn vor den Ohren der Jünger und der Menge nach all den Quälereien mit unfähigen Quacksalbern auch noch ihre Geschichte erzählen müssen? Da gab es doch mit Sicherheit ein Plätzchen, an dem die beiden ungestört hätten sein können. Unmöglich!

Die Dankbare spricht:
Jesus ist ein wunderbarer Mensch. Er hat geholfen, wo Hilfe notwendig war. Ihn kümmerte die Menge nicht, die Jünger nicht, niemand. Er hatte nur Augen und Ohren für diese Frau. Endlich war da einer, der zuhörte, der hinschaute und der verstand. Nur Menschen, die so etwas selbst schon einmal erlebt haben, können ermessen, wie befreiend das Verhalten für die Frau war. Danke!

Die Vorsichtige spricht:
Bitte, da haben wir es. Psychosomatik ist alles. Leib und Seele gehören zusammen. Einbildung war diese Dauerblutung sicher nicht. Kaum zu glauben, dass die Begegnung mit Jesus die Blutung stoppte. Man wird sehen, ob das anhält. Abwarten!

Die Bigotte spricht:
Skandalös! Sich so zu prostituieren. Das ist ein heiliger Mann. Ein Mann! Dem wirft man sich nicht an den Hals. Und auch

nicht zu Füßen. Erst recht fasst man ihn nicht an. Wo kommen wir denn da hin? Schamlos. Die kann sich doch nirgends mehr sehen lassen. Ich möchte keinen Schluck Wasser von so einer annehmen müssen. Pfui!

Die Frau spricht:
Was in mir singt und klingt ist: Geh in Frieden. Das ist das, was ich weitersagen möchte: Frieden!

Meditation

Sieben Fragen an mich:

Wie empfinde ich die Begegnung Jesu mit einer blutenden Frau?

Was hat mich besonders berührt?

Was stößt mich in dieser Geschichte ab?

Was würde ich an der Geschichte ändern? Was würde ich behalten?

Kann ich mir vorstellen, dass ich die blutende Frau bin?

Was würde ich tun, wenn ich diese Frau wäre und die Chance hätte, Jesus zu sprechen?

Wonach sehne ich mich?

Gebet

Gott, ich kenne die Situation dieser Frau. Nicht so dramatisch und nicht als Krankheit. Aber ich habe den gleichen Leib wie sie. Auch ich blute. Tatsächlich und bildlich. Mein Herzblut habe ich schon einmal vergossen, bei einem Liebeskummer, bei einer Kränkung, bei einer schmerzlichen Enttäuschung. Ich komme zu dir, Gott, weil du dich auch von mir berühren lässt und meine Blutung annimmst.

Gebet für den Tag und für die Nacht

Gott, heile mich (N. N.), damit ich (N. N.) leben und das Richtige tun kann.

Nehmen Sie Ihren Leib aufmerksam wahr. Denken Sie an Ihre eigenen »Blutungsgeschichten«, an die des Leibes und an die der Seele. Gehen Sie in den Tag und schlafen Sie am Abend mit der Zusage Gottes ein: Geh (schlafe) in Frieden.

Loslassen und leben

Maria am Grab

Maria stand draußen vor dem Grab und weinte. Während sie weinte, beugte sie sich in die Grabkammer hinein. Dort sah sie zwei Engel in weißen Gewändern sitzen, den einen, wo der Kopf, den anderen, wo die Füße des Leichnams Jesu gelegen hatten. Die Engel sagten zu ihr: »Frau, warum weinst du?« Sie antwortete ihnen: »Man hat meinen Herrn weggenommen und ich weiß nicht, wohin man ihn gelegt hat.« Als sie das gesagt hatte, wandte sie sich um und sah Jesus dastehen, wusste aber nicht, dass es Jesus war. Jesus sagte zu ihr: »Frau, warum weinst du? Wen suchst du?« Sie meinte, es sei der Gärtner und sagte zu ihm: »Herr, wenn du ihn weggebracht hast, sag mir, wohin du ihn gelegt hast. Dann will ich ihn holen.« Jesus sagte zu ihr: »Maria!« Da wandte sie sich ihm zu und sagte auf hebräisch zu ihm: »Rabbuni!«, das heißt: Meister. Jesus sagte zu ihr: »Halte mich nicht fest; denn ich bin noch nicht zum Vater hinaufgegangen. Geh aber zu meinen Schwestern und Brüdern und sage ihnen: Ich gehe hinauf zu meinem Vater und zu eurem Vater, zu meinem Gott und zu eurem Gott.« Maria von Magdala ging und verkündete: »Ich habe den Herrn gesehen.« Und sie richtete aus, was er ihr gesagt hatte.

JOH 20,11–18

Bibelmeditation

Wer redet?

DIE ENGEL

zu Maria – »Frau, warum weinst du?«

MARIA

zu den Engeln – »Man hat meinen Herrn weggenommen und ich weiß nicht, wohin man ihn gelegt hat.«

zu Jesus – »Herr, wenn du ihn weggebracht hast, sag mir, wohin du ihn gelegt hast. Dann will ich ihn holen.«

zu Jesus – »Rabbuni!«

und zu den anderen – »Ich habe den Herrn gesehen.«

JESUS

zu Maria – »Frau, warum weinst du? Wen suchst du?«

zu Maria – »Maria!«

zu Maria – »Halte mich nicht fest; denn ich bin noch nicht zum Vater hinaufgegangen. Geh aber zu meinen Schwestern und Brüdern und sage ihnen: Ich gehe hinauf zu meinem Vater und zu eurem Vater, zu meinem Gott und zu eurem Gott.«

Meditation

Maria, du weißt nicht, wo er ist. Du willst ihn wiederhaben. Tot oder lebendig. Am liebsten lebendig. So wie früher. Doch er ist tot. Die Engel fragen dich. Und er fragt dich auch:

Maria, warum weinst du? Wie solltest du nicht weinen? Ich frage dich nicht: Frau, warum weinst du? Ich weiß, warum du weinst.

Kennen Engel keinen Schmerz? Warum fragt ihr: Maria, warum weinst du? Könnt ihr sie nicht schlicht in die Arme nehmen? Oder unter eure Flügel? Warum wischt ihr niemand von euch die Tränen ab? Weil sie geweint werden müssen? Seid ihr gar Geburtshelfer des Lebens? Sollte ich sie doch fragen: Frau, warum weinst du?

Und du, du Auferstandener? Warum redest du soviel? Hast du keine Geduld mit ihrem Schmerz? Später ist immer noch Zeit für die Botschaft. Jetzt weint sie. Warum fragst du sie, wenn du doch alles schon weißt? Was beabsichtigst du mit deiner Frage? Was willst du?
Ich frage sie nicht: Frau, warum weinst du? Ich weiß, warum sie weint.

Maria, lass los.
Er sagt deinen Namen.
Maria, fang neu an.
Er sagt deinen Namen. Er meint dich ganz und gar.

Maria, geh los. Geh zu den andern. Er sagt dir seine Botschaft.
Er und sie – sie brauchen dich.

Maria, schau (N. N.) mich an und nimm mich (N. N.) mit.

Gebet

Jesus, Marias Leid kenne ich. Und du kennst es auch. Mehr als einmal hast du einen Menschen verloren: den reichen Jüngling; Judas; deine feigen Freunde, die wegliefen wie die Hasen, als es ernst wurde; die aus deiner Familie, die dich für verrückt erklären; die Frommen durch die Jahrtausende hindurch, die dich verraten haben durch ihre Frömmelei und ihren Fanatismus um der reinen Lehre willen.
Rufe meinen Namen und ich komme mit meinen Tränen, mit meiner Sorge (um N. N.), mit aller Verlorenheit. Mit dir bin ich nicht allein.

Gebet für den Tag und für die Nacht

Gott, gib mir (N. N.) die Kraft zum Loslassen, damit ich (N. N.) leben und das Richtige tun kann.

Spazieren Sie in Ruhe durch einen Garten, der Ihnen gut tut, und lassen Sie Ihre Sorgen in die Hand Gottes fallen. Gehen Sie zu einem Menschen, mit dem Sie reden können, der Ihnen zuhört.

Alles ist gut

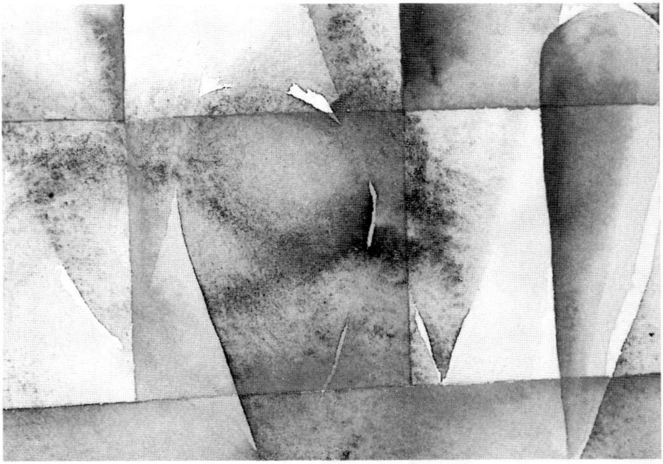

Seligpreisung einer Frau

Eine Frau aus der Menge rief Jesus zu: »Selig die Frau, deren Leib dich getragen und deren Brust dich genährt hat.« Er erwiderte: »Selig sind doch die, die das Wort Gottes hören und es befolgen.«

Lk 11,27–28

Bibelmeditation

Wer soll das glauben? Ein paar schlichte Worte und schon packt mich die Wucht des Himmels. Ich schaue wie durch ein winziges Fenster und sehe die Länge und Breite, die Höhe und Tiefe des Lebens ganz. Die Worte einer Frau – ein Fenster mit Aussicht zum Himmel, der Horizont der ganzen Welt. Durch ihre Seligpreisung berühre ich Jesus. Durch sie sehe ich ihn.

Ich sehe die Szene, wie der Evangelist Lukas sie sieht: die Menschenmenge, die auf dem Feld um Jesus versammelt ist. Er predigt. Er spricht von den Menschen, die arm und hungrig sind. Er redet von denen, die weinen und ausgeschlossen sind.

Ich sehe die Szene, wie der Evangelist Matthäus sie erzählt: Jesus redet von den Trauernden, von denen, die keine Gewalt dieser Welt davon abhalten kann, ohne Gewalt ihre Konflikte zu lösen. Er nennt die beim Namen, die hungern und dürsten nach der Gerechtigkeit Gottes. Die, die ein reines Herz haben, und die, die Frieden stiften, kommen genauso an die Reihe wie die, die verfolgt werden und keinen Platz auf Erden haben.

Und dann diese Frau. Ob sie die Predigt Jesu gehört hat, die Feldrede, die Bergpredigt? Hat sie sie in ihrem Herzen und in ihrem Verstand gewälzt und getragen, sie auseinander genommen und wieder zusammengesetzt, sie sich zu eigen gemacht?

Oder handelt sie spontan? Hat sie Jesus nur dieses eine Mal gesehen und schon untrüglich gewusst, dass da einer ist, den es selig zu preisen gilt?

Aber so stimmt das doch nicht! Die Seligpreisende stellt die Dinge auf den Kopf. Sie nennt nicht Jesus. Sie nennt seine Mutter. Sie wird von ihr selig gepriesen, nicht ihr Sohn. Warum eigentlich? Nur weil sie ein Kind ausgetragen und gestillt hat wie Milliarden Mütter vor ihr? Das kann es nicht sein. Aber was dann?
Mutter und Kind sind in Schwangerschaft und Stillzeit eins und doch zwei, aufeinander verwiesen, voneinander gezeichnet. Wenn die Frau in gut orientalischer Weise der Mutter Jesu die Ehre ihrer Seligpreisung gibt, schenkt sie ihr ihre Solidarität als Frau und meint beide: die Mutter und den Sohn.

Meditation

Eine Frau. Sie wählt für ihre Seligpreisung, was ihr unmittelbar zugänglich ist. Sie wählt den Leib einer Frau, die Brust einer Mutter.
Eine Frau so wie Sie. Kaum eine würde wohl spontan auf die Idee kommen, so hand- und hautgreiflich den eigenen oder den Leib einer anderen Frau für eine Seligpreisung zu wählen.

Was bedeutet Ihnen Ihr Leib? Was bedeutet Ihnen der Leib einer anderen Frau? Ist er selig zu preisen?

Jesus ist im Leib einer Frau gewachsen, von ihr geboren und gestillt worden. Der Leib einer Frau wird selig gepriesen. Alles, was einen Frauenleib unselig behandelt, ist gegen den Leib Jesu gerichtet: Vergewaltigung, sexueller Missbrauch, Klitorisbeschneidung, Zwangssterilisation, Organ- und Eizellenhandel, Schönheitsoperationen um eines fragwürdigen (Männer-)Frauenkörperideals willen.

Schauen Sie in Ruhe und mit Wohlwollen Ihren Leib an. Er ist schön, von Gott gewollt, geschaffen und nach Möglichkeiten behütet. Er ist Ort und Gelegenheit der Gotteserfahrung. Alles Bitten und Beten geschieht mit dem Leib.

Gott, ich komme zu dir. Du bist bei mir. Du siehst meinen Leib. Du berührst meinen Leib. Er ist Wohnung deines Geistes.

Gebet

Gott, du hast mich (N. N.) gewollt. Wir Menschen sind den Sternen und dem Meer, der Luft und dem Wasser und allem, was auf dieser Erde und in den Weiten des Alls existiert, mit Leib und Seele verbunden. Füge mich (N.N) (wieder) ein in den heilenden Zusammenhang deiner Schöpfung.

Gebet für den Tag und für die Nacht

Gott, erfülle an diesem Tag, in dieser Nacht meinen (N. N.s) Leib und Geist, damit ich (N. N.) leben und das Richtige tun kann.

Bewegen Sie sich bewusst in Ihrem Leib. Spüren Sie seine Stärken und seine Schwächen, seine Narben und seine Schönheiten. Danken Sie Gott für Ihren schönen Leib.

Gebete für den Tag und die Nacht

Die neun Gebete für den Tag und die Nacht sind zwar auf die einzelnen Tage abgestimmt. Sie können jedoch damit spielen, sie variieren, um genau das Gebet zu finden, das Sie am besten unterstützt und am hilfreichsten begleitet.

Gott, gib mir (N. N.) Wasser des Lebens, damit ich (N. N.) leben und das Richtige tun kann.

Gott, nimm mich (N. N.) an die Hand, damit ich (N. N.) leben und das Richtige tun kann.

Gott, hilf mir (N. N.), damit das Gute geschieht und das Böse flieht, damit ich (N. N.) leben und das Richtige tun kann.

Gott, berühre mich (N. N.), damit ich (N. N.) leben und das Richtige tun kann.

Gott, erwecke mir (N. N.) neues Leben aus dem Tod, damit ich (N. N.) leben und das Richtige tun kann.

Gott, öffne mir (N. N.) die Augen für deinen erlösenden Blick, damit ich (N. N.) leben und das Richtige tun kann.

Gott, heile mich (N. N.), damit ich (N. N.) leben und das Richtige tun kann.

Gott, gib mir (N. N.) die Kraft zum Loslassen, damit ich (N. N.) leben und das Richtige tun kann.

Gott, erfülle an diesem Tag, in dieser Nacht meinen (N. N.s) Leib und Geist, damit ich (N. N.) leben und das Richtige tun kann.

Übungen zum Durch-Leben

Die neun Übungen der Novene sind hier für Sie noch einmal zusammengestellt. Wenn Ihnen einmal eine Übung nicht zusagt, suchen Sie sich die Übung aus, die Ihnen mehr behagt, oder die, die Sie anregt, einmal etwas Neues auszuprobieren. Sie brauchen sich selbstverständlich nicht an die Übungsabfolge zu halten, so wie Sie Ihnen für die neun Tage vorgeschlagen ist.

Trinken Sie ein Glas Wasser und denken Sie an Ihr Anliegen.

Stellen Sie sich entspannt auf die Füße. Spüren Sie die Kraft, die Sie von den Füßen über die Wirbelsäule bis zum Scheitel hinauf aufrecht stehen lässt. Atmen Sie ruhig. Schauen Sie geradeaus und denken Sie an Ihr Anliegen.

Wenn Sie es können, rufen Sie Ihre Bitte laut in den Raum.

Suchen Sie sich eine Frucht, ein Parfüm, eine Seife, eine Bienenwachskerze, ein Öl, einen Gegenstand, der für Sie wohlriechend ist. Nehmen Sie den Duft bewusst wahr. Atmen Sie ihn mit allen Poren Ihres Körpers ein und geben Sie ihn mit allen Poren wieder ab. Salben Sie sich oder einen Menschen, der Ihnen nahe steht. Denken Sie an Ihr Anliegen, an den Menschen, für den Sie beten.

Schauen Sie Fotos an, die wichtige Stationen, Menschen, Ereignisse Ihres Lebens zeigen. Malen Sie Ihren Lebensweg. Haben Sie ein Lebensmotto? Menschen, die Sie im Leben begleiten und stützen können. Beten Sie für sie, wenn es Ihnen und ihnen gut tut.

Schauen Sie mit Ihren inneren Augen den/die Menschen an, für den/die Sie beten oder der/die von Ihrem Anliegen betroffen ist/sind. Schreiben Sie ihm/ihnen eine Botschaft. Verändern Sie den Text so lange, bis Sie ihn als wohltuend und hilfreich empfinden.

Nehmen Sie Ihren Leib aufmerksam wahr. Denken Sie an Ihre eigenen »Blutungsgeschichten«, an die des Leibes und an die der Seele. Gehen Sie in den Tag und schlafen Sie am Abend mit der Zusage Gottes ein: Geh (schlafe) in Frieden.

Spazieren Sie in Ruhe durch einen Garten, der Ihnen gut tut, und lassen Sie Ihre Sorgen in die Hand Gottes fallen. Gehen Sie zu einem Menschen, mit dem Sie reden können, der Ihnen zuhört.

Bewegen Sie sich bewusst in Ihrem Leib. Spüren Sie seine Stärken und seine Schwächen, seine Narben und seine Schönheiten. Danken Sie Gott für Ihren schönen Leib.

Bildnachweis Innenteil:

S. 13: © Francesco Clemente, CII

S. 19: © Francesco Clemente, L

S. 25: © Francesco Clemente, LXIV

S. 31: © Francesco Clemente, LXVI

S. 37: © Francesco Clemente, LXXIX

S. 43: © Francesco Clemente, XVIII

S. 49: © Francesco Clemente, XVL

S. 55: © Francesco Clemente, XXIX

S. 61: © Francesco Clemente, XVIII